CATALOGUE

DE

Tableaux Modernes

PAR

BOUDIN, CHARLET, CHINTREUIL
COROT, COURBET, DEGAS, GUILLAUMIN, JONGKIND, LEPINE
MANET, MONET, MONTICELLI, PISSARRO, RAFFAELLI
RENOIR, SISLEY, Etc.

AQUARELLE, PASTEL

COMPOSANT LA

Collection de M. G. G...

ET DONT LA VENTE AURA LIEU A PARIS

HOTEL DROUOT, Salle Nº 6

Le Mercredi 3o Mars 1898

A TROIS HEURES

COMMISSAIRE-PRISEUR

Mᵉ PAUL CHEVALLIER

10, *Rue Grange-Batelière*, 10

EXPERT

M. DURAND-RUEL

16, *Rue Laffitte*, 16

EXPOSITION PUBLIQUE

Le Mardi 29 Mars 1898, de 1 heure 1/2 à 5 heures 1/2.

CONDITIONS DE LA VENTE

Elle sera faite au comptant.

Les Acquéreurs paieront *cinq pour cent* en sus sur les prix d'adjudication.

Par · Imp. Georges Petit, 12, rue Godot-de-Mauroi. — 5956-98.

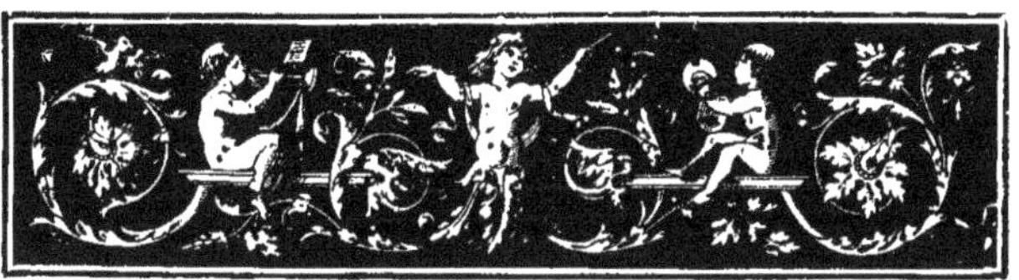

Désignation

TABLEAUX

BOUDIN (E.)

1 — *Le Port de Bordeaux, effet du matin.*

A gauche, près des pilotis, un canot est amarré. Plus loin, quelques navires sont à l'ancre.

Signé à gauche et daté : *1876.*

Toile. Haut., 32 cent.; larg., 45 cent.

CHARLET (N.-T.)

2 — *Un Volontaire du bataillon des Marseillais.*

Debout, vêtu d'une culotte blanche, d'un habit bleu aux épaulettes rouges, il s'appuie du bras gauche sur son fusil.

Signé à droite.

Bois. Haut., 24 cent.; larg., 14 cent.

CHINTREUIL (A.)

3 — *Les Blés.*

Au premier plan, un chemin traverse les épis serrés des champs de blé qui mûrissent au soleil.

Au fond, la ligne de l'horizon est rompue par les toits des fermes occupant le sommet du plateau.

Signé à gauche.

Toile. Haut., 34 cent.; larg., 70 cent.

COROT

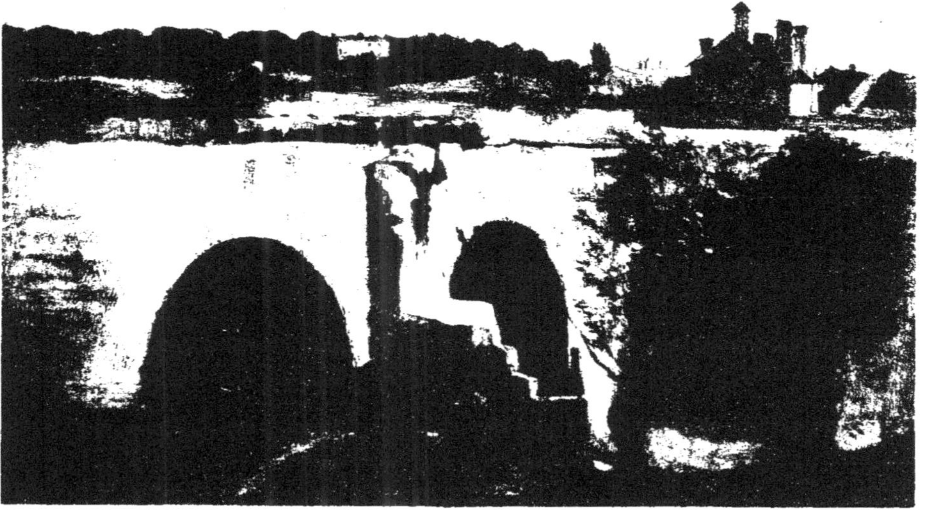

Le Pont de Poissy.

COROT (C.)

4 — *Le Pont de Poissy.*

Au premier plan, en contre-bas des arches, un tertre gazonneux est traversé par un sentier : quelques saules profilent leur claire verdure sur les tons gris de la maçonnerie.

A droite du pont, un groupe de maisons occupe le bord de la route ; vers la gauche, une paysanne, accoudée au parapet, semble se reposer.

Plus loin, sur les collines qui limitent l'horizon, un château qu'abritent les arbres d'un grand parc.

Ciel clair, traversé par de légers nuages.

Signé à gauche.

Toile. Haut., 23 cent.; larg., 34 cent.

COROT (C.)

5 — *Aqueduc dans la campagne romaine.*

Vers la gauche d'une plaine limitée par une chaine de montagnes qui s'étend à l'horizon, les structures massives d'un aqueduc en ruines.

Signé à gauche et daté : *1825.*

Toile. Haut., 22 cent.; larg., 32 cent.

COROT (C.)

6 — *Aqua Celosa.*

Les terrains sablonneux du premier plan bordent le golfe d'où émerge un ilot.

Plus loin, sous le ciel bleu aux tonalités transparentes, la plaine mamelonnée.

Daté à droite : *1826.*

Estampille de la vente Corot.

Toile. Haut., 18 cent.; larg., 33 cent.

COURBET G.

7 — *Bords du Doubs. effet d'automne.*

Au premier plan, à gauche, la berge d'une rivière fuyant vers la droite.

Un grand hêtre au feuillage jauni par l'automne occupe le sommet du rocher qui surplombe le bord de l'eau.

A l'horizon, les hautes montagnes aux cimes couvertes de neige.

Signé à gauche.

Toile. Haut., 82 cent.; larg., 66 cent.

DEGAS E.

8 — *Jeune Femme aux cheveux roux.*

Elle est vue de face, dans une attitude de repos.

La tête appuyée sur le bras gauche, son opulente chevelure retombe sur ses épaules serrées dans un corsage noir bordé de dentelles.

Signé à droite.

Toile. Haut., 43 cent.; larg., 52 cent.

DEGAS (E.)

9 — *Avant la course.*

En selle, plusieurs jockeys, aux casaques multicolores, sont groupés en attendant le départ.

L'un d'eux, sur la piste qui s'étend vers la droite, fait prendre à son cheval un galop d'essai.

Au loin, vers la gauche, les coteaux qui limitent le champ de courses.

Signé à gauche.

Bois. Haut., 26 cent.; larg., 34 cent.

DEGAS

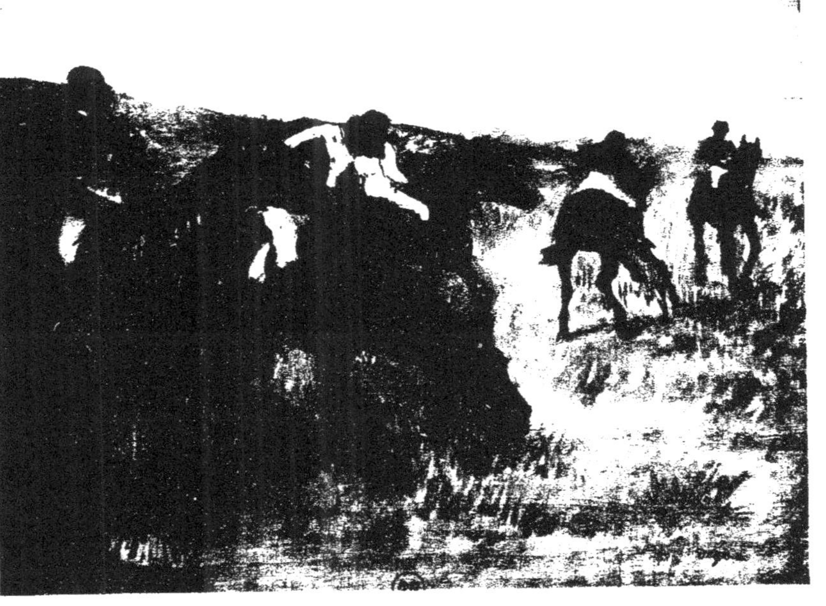

Avant la Course.

DETHOMAS

10 — *Le Thé.*

Signé du monogramme, dans le haut, à droite.

Toile. Haut., 37 cent.; larg., 45 cent.

GUILLAUMIN (A.

11 — *Saint-Palais, la Pointe de la Douane.*

Au bord de l'océan, un grand chêne vert aux branches noueuses.

Sur la droite, un sentier conduit aux massifs dont la verdure touffue longe la mer.

Signé à droite.

Toile. Haut., 64 cent.; larg., 80 cent.

GUILLAUMIN A.)

12 — *Paysage à Saint-Erroult.*

Au premier plan, vers la gauche, un potager abrité par une haie.

Plus loin, espacées sous les arbres, les maisons du village mettent dans le ciel azuré la note éclatante de leurs toits rouges.

Signé à droite.

Toile. Haut., 60 cent.; larg., 73 cent.

GUILLAUMIN (A.)

13 — *La Seine à Charenton.*

Sur la rivière, près de la berge qui occupe la droite, deux pêcheurs à la ligne sont installés dans un canot.

Les maisons du quai bordent la rive opposée ; une cheminée d'usine envoie dans l'air son large panache de fumée.

Signé à droite.

Toile. Haut., 49 cent.; larg., 61 cent.

GUILLOUX (C.)

14 — *L'Étang.*

Signé à gauche.

Toile. Haut., 36 cent.; larg., 17 cent.

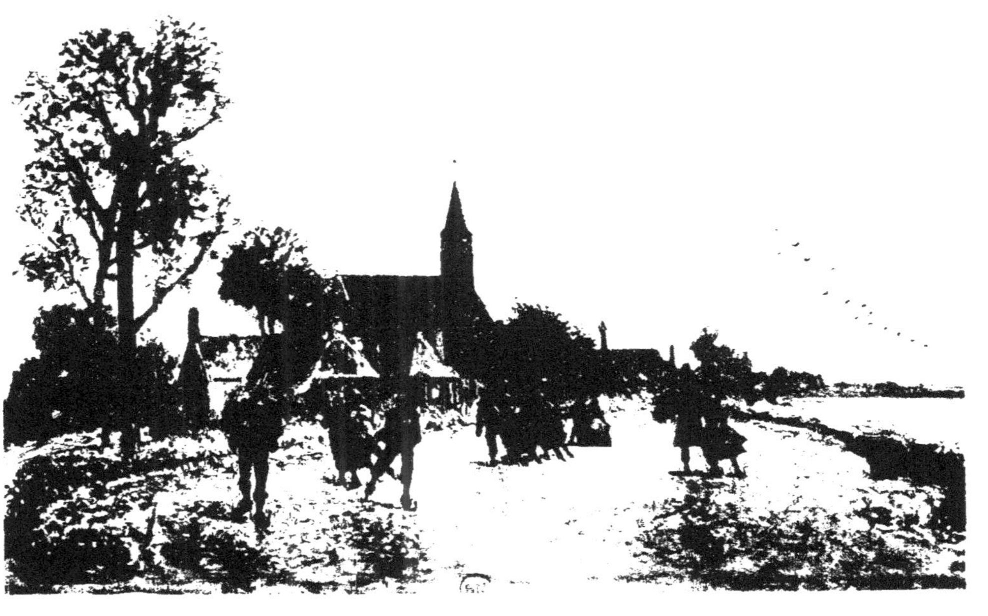

Les Patineurs.

JONGKIND (B.)

15 — *Les Patineurs.*

Ils évoluent en plusieurs groupes : l'un d'eux, vers le centre de la composition, pousse un traineau.

A gauche, au bord du canal, les maisons et le clocher d'un village hollandais.

Vers la droite, un vol de corbeaux plane au-dessus d'une prairie couverte de neige.

Signé à droite et daté : *1862*.

Toile. Haut., 42 cent.; larg., 55 cent.

JONGKIND (B.)

16 — *Le Port aux Saumons (Rotterdam).*

Vers la droite, un navire est à l'ancre près des pilotis
protégeant la berge d'une île boisée.

Éclairée par les rayons de la lune qui se lève, deux
pêcheurs dans un canot s'occupent de ramener leurs filets.

A gauche, près de la ville, un moulin.

Signé à droite et daté : *1870.*

Toile. Haut., 33 cent.; larg., 25 cent.

JONGKIND (B.)

17 — *La Meuse aux environs de Dordrecht.*

Plusieurs bateaux à voiles sillonnent la rivière. Au loin,
les silhouettes de quelques moulins et d'un clocher.

Signé à gauche et daté : *1872.*

Vente Jaurès.

Toile. Haut., 21 cent.; larg., 32 cent.

LAPOSTOLET

18 — *Les Couturières.*

Assises près d'une fenêtre, deux femmes, coiffées de bonnets blancs, s'appliquent à leurs travaux de couture.

A gauche, estampille de la vente Lapostolet.

Bois. Haut., 24 cent.; larg., 18 cent. 1 2.

LÉPINE (S.)

19 — *La Place de la Concorde.*

Signé à droite.

Bois. Haut., 17 cent.; larg., 25 cent.

MANET (Ed.)

20 — *L'Alabama au large de Cherbourg.*

Au premier plan, vers la droite, un bateau de pêche, toutes voiles dehors et dont l'équipage semble lutter contre le vent, s'éloigne de l'*Alabama*. Celui-ci, à l'ancre et vu de profil, détache sur le ciel chargé de nuages la silhouette de ses agrès et les pavillons arborés au beaupré et à l'arrière.

Plusieurs embarcations sillonnent la mer et se rapprochent du navire de guerre.

Signé à gauche.

Toile. Haut., 91 cent.; larg., 1 mètre.

MANET

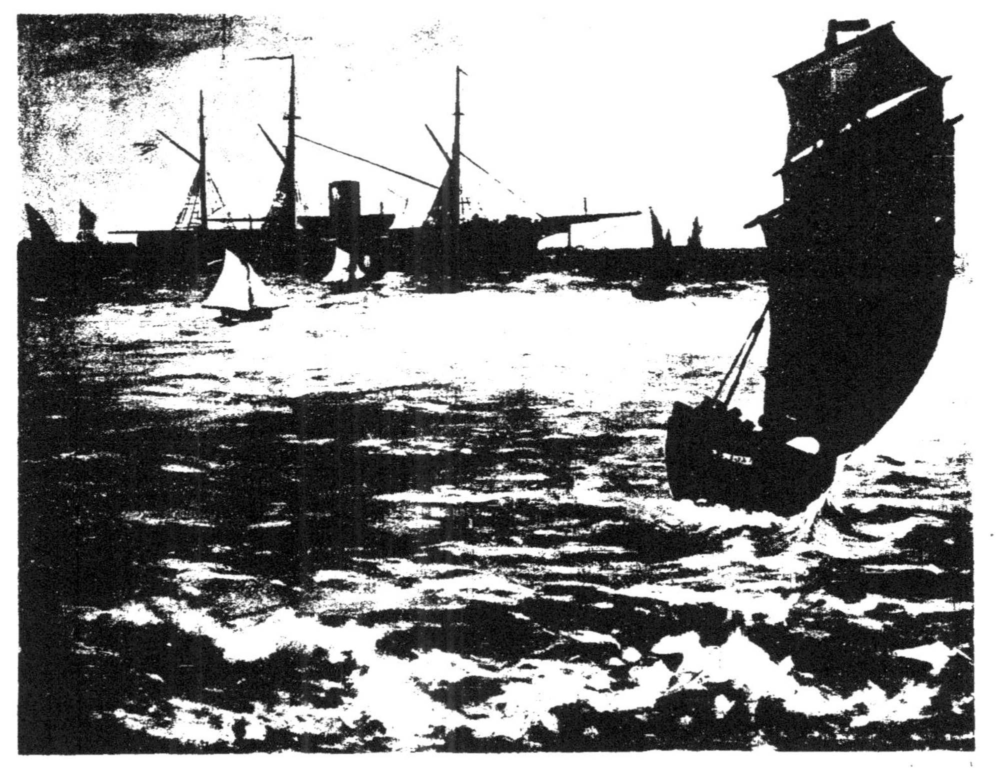

L'Alabama.

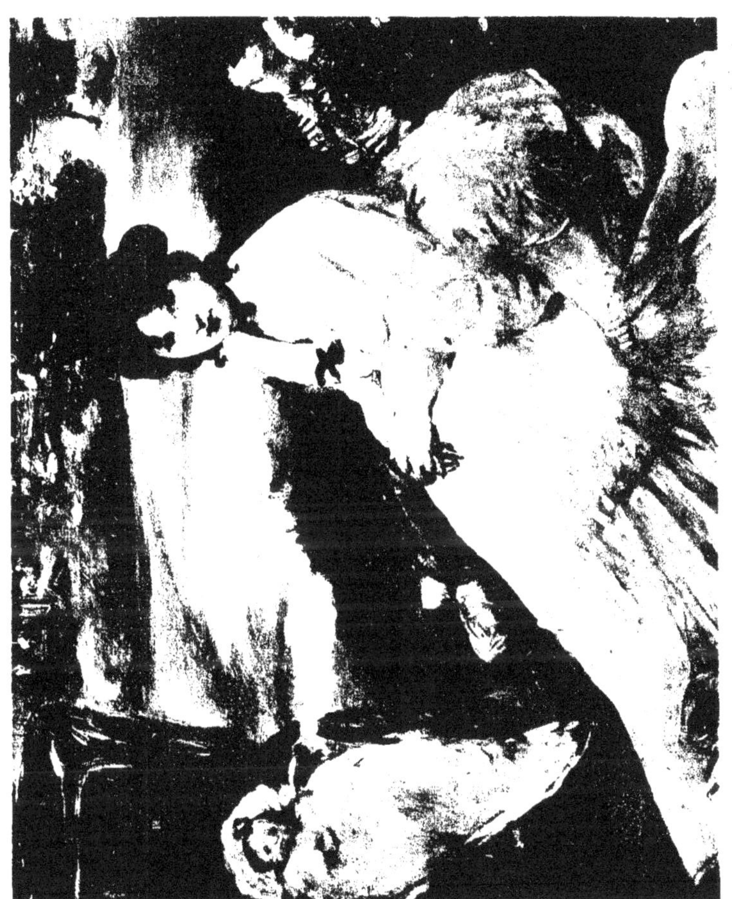

MANET

Au Jardin

MANET (ED.)

21 — Au Jardin.

Vue de face, une jeune mère, tête nue et vêtue d'une claire toilette du matin, est assise sur la pelouse.

Près d'elle, son mari s'est étendu dans l'herbe parsemée de fleurs.

Vers la gauche, à l'ombre des arbres, leur enfant repose dans sa petite voiture dont la capote est relevée.

Signé à droite.

Exposition centennale de l'Art français (1889).

Toile. Haut., 45 cent.; larg., 55 cent.

MAIGNAN (A.)

22 — *Les Hauteurs de Saint-Prix.*

Signé à gauche et daté : *1882.*

Toile. Haut., 27 cent.; larg., 34 cent.

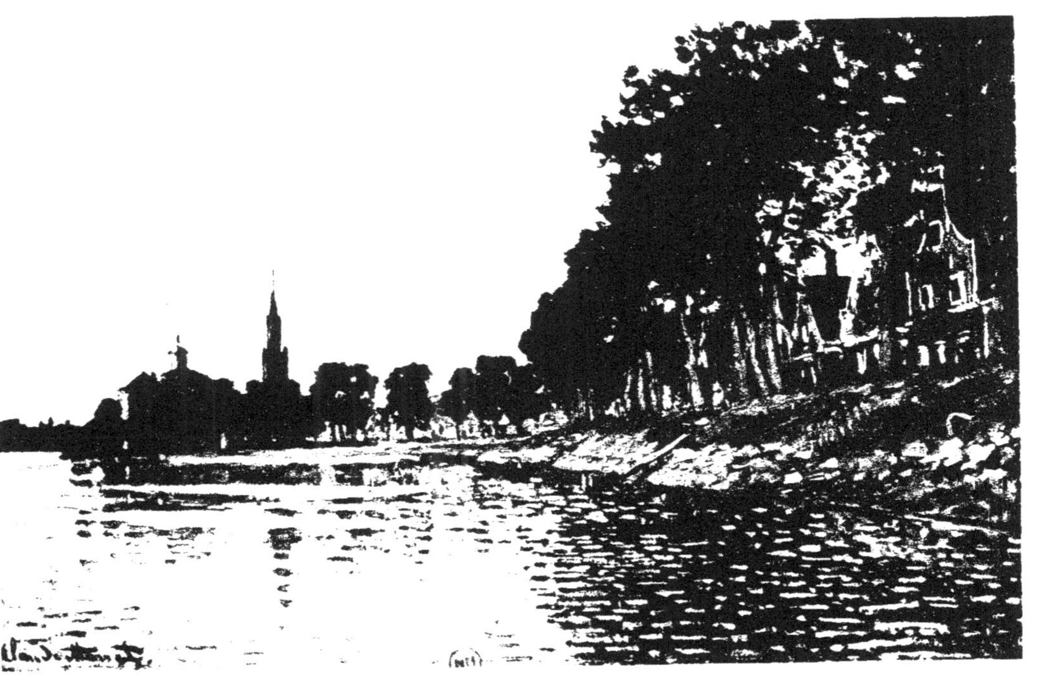

Canal en Hollande.

MONET (Cl..)

23 — *Un Canal en Hollande*.

A droite, à travers le feuillage des grands arbres qui bordent l'eau, une rangée de maison, à pignons, aux toits de tuiles rouges.

Vers la gauche, sur la pointe de terre que contourne le canal, l'église du village.

Les légers nuages clairs traversant le ciel se reflètent dans l'eau limpide.

Signé à gauche.

Toile. Haut., 45 cent.; larg., 72 cent.

MONET (Cl..)

24   *La Méditerranée.*

Au premier plan, les pierres éboulées de la grève que vient baigner la mer bleue.

Une pointe de rochers forme cap, son sommet est occupé par un groupe de maisons blanches.

A l'horizon, on aperçoit, sous la neige, les montagnes de l'Esterel.

Signé à gauche et daté : *1888.*

Toile. Haut., 66 cent.; larg., 90 cent.

MONET (Cl..)

25 -   *Au Parc Monceau, été.*

A droite, dans l'allée bordée de grands arbres, les mères se reposent sur les bancs. Près d'elles, leurs enfants jouent dans le sable.

Plus loin, vers la pelouse qui s'étend à gauche, une nourrice abrite de son ombrelle l'enfant qu'elle porte dans les bras.

Signé à droite et daté : *1878.*

Toile. Haut., 64 cent.; larg., 54 cent.

CLAUDE MONET

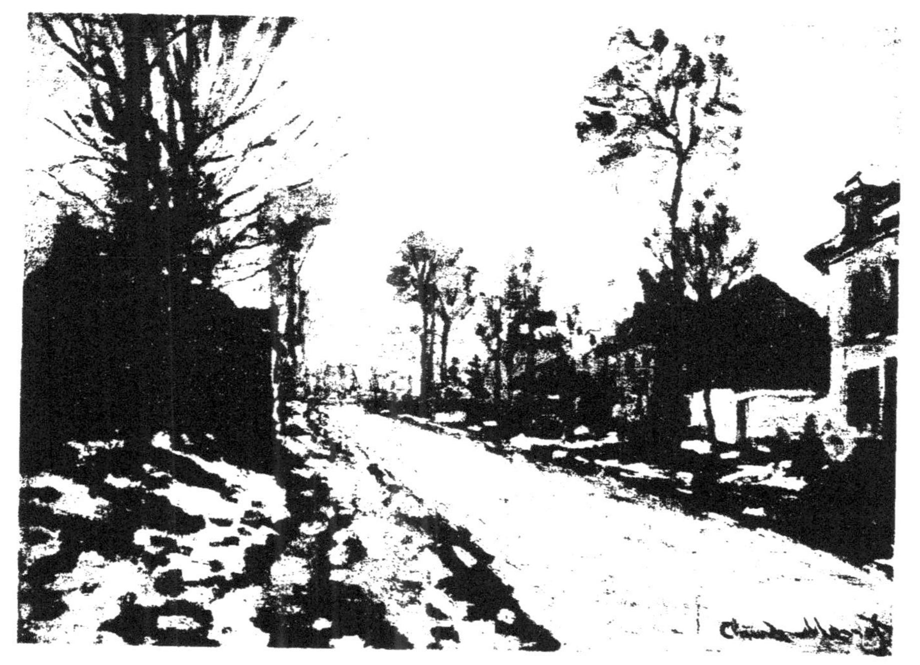

L'Hiver.

MONET (Cl..)

26 — *Paysage d'Hiver.*

Au premier plan. la gra.... route, montant vers le fond.
occupe toute la largeur de la composition. Les arbres
dégarnis qui bordent la route projettent leur ombre sur le
sol couvert de givre.

Deux promeneurs se dirigent vers les maisons que l'on
aperçoit au fond. sous le ciel gris traversé de légers
nuages.

Signé à gauche.

Toile. Haut.. 42 cent.; larg.. 64 cent.

MONET (Cl..)

27 — Coucher de soleil, hiver.

A gauche, sur un talus, au pied des arbres dégarnis, la neige presque fondue se change en flaques d'eau.

Couverts de neige, les toits des maisons qui bordent les deux côtés de la route se profilent sur le ciel, qu'empourprent les lueurs du couchant.

Signé à droite.

Toile. Haut., 40 cent.; larg., 54 cent.

MONTICELLI

28 — *Bouquet de fleurs.*

Signé à gauche.

Bois. Haut., 52 cent.: larg., 33 cent.

PISSARRO (C.

29 — *Le Printemps.*

Dans le verger où les pommiers sont en fleurs, trois
femmes causent près d'un grand arbre dont les branches
s'étendent au-dessus des maisons qui occupent le fond.
Ciel clair.

Signé à droite et daté : 1895.

Toile. Haut., 67 cent.: larg., 91 cent.

PISSARRO (C.)

30 — *Paysage.*

Au premier plan, une clairière dont l'extrémité est
bordée par quelques peupliers aux cimes élancées. Disséminées sur les collines, on aperçoit au fond les maisons
d'un village.

Ciel bleu, traversé par quelques nuages.

Signé à droite et daté : 1880.

Toile. Haut., 73 cent.: larg., 59 cent.

PISSARRO (C.)

31 — *Baigneuses.*

Vue de dos, une jeune femme vient de se baigner et regagne la berge où ses vêtements sont posés au pied d'un arbre.

Plus loin, ses compagnes, dont l'une termine ses ablutions, tandis que l'autre fait le plongeon dans la rivière.

Signé à gauche et daté : *1894.*

Toile. Haut., 38 cent.; larg., 46 cent.

RAFFAËLLI (J.-F.)

32 — *Les Vieux Camarades.*

Fumant leur pipe, attablés dans un coin du jardin, ils causent, les coudes sur la table.

A droite, au delà de la clôture treillagée, on aperçoit une usine et ses cheminées.

Signé à droite.

Bois. Haut., 27 cent.; larg., 27 cent.

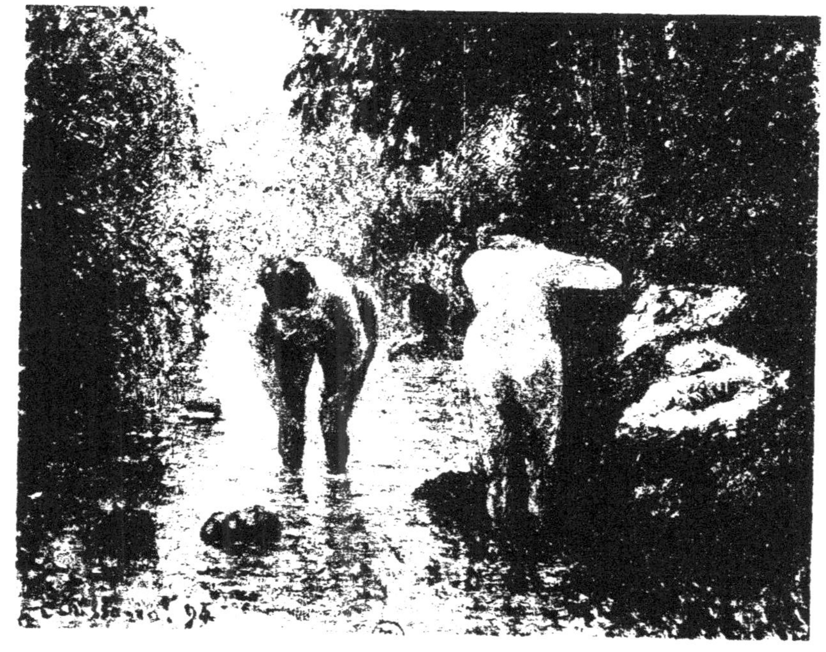

Baigneuses

RENOIR (A.)

33 — *La Promenade.*

Un jeune homme tend la main à sa compagne pour
l'aider à gravir les marches de pierre du sentier escarpé
qui traverse la forêt.

Signé à gauche.

Toile. Haut., 80 cent.; larg., 65 cent.

SISLEY (A.)

34 — *Saint-Mammès, effet du matin.*

A gauche, sur la berge que longe la route bordée d'arbres, les maisons du village.

A droite, la rivière.

Signé à droite et daté : *1881*.

Toile. Haut., 46 cent.; larg., 54 cent.

THIOLLET

35 — *Coq et Poules.*

Signé à gauche.

Bois. Haut., 16 cent.; larg., 21 cent.

PASTEL & AQUARELLE

GUILLAUMIN (A.)

36 — *Les Meules.*

Dans une prairie, coupée vers la gauche par un bouquet d'arbres, sous le chaud soleil d'été, quelques meules.

Signé à gauche.

Pastel. Haut., 60 cent.; larg., 80 cent.

ZANDOMENEGHI

37 — *Au Café.*

Signé à gauche.

Aquarelle. Haut., 43 cent.; larg , 28 cent.

www.ingramcontent.com/pod-product-compliance
Ingram Content Group UK Ltd.
Pitfield, Milton Keynes, MK11 3LW, UK
UKHW031739170726
13836UKWH00002B/763